RELATION

DE

LA BATAILLE D'ISLY,

Suivie du Rapport

DE M. LE MARÉCHAL GOUVERNEUR-GÉNÉRAL.

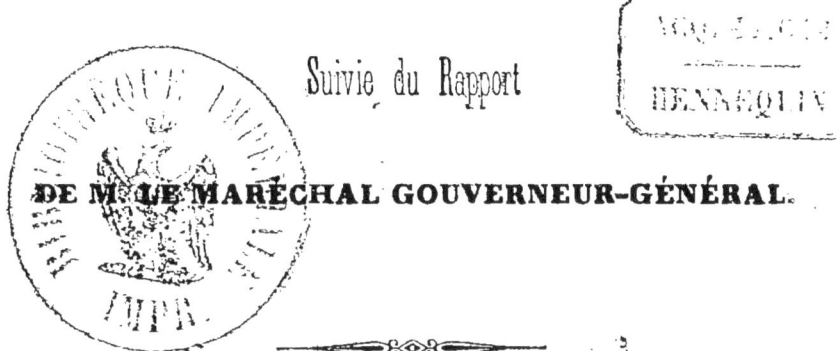

ALGER.

Imprimerie du Gouvernement.

1845

RELATION DE LA BATAILLE D'ISLY.

Abd-el-Kader avait vu détruire pièce à pièce cette nationalité arabe qu'il avait édifiée par tant de travaux et d'habileté. Après le combat de l'Oued-Malah, le 14 octobre 1843, où il avait perdu les restes de son infanterie et son premier lieutenant, Sidi-Embareck, il se retira sur la frontière de l'empire du Maroc; il y reçut une généreuse hospitalité, sinon de l'Empereur, du moins des populations, qui le vénèrent comme un grand homme, comme un saint, et surtout parce qu'il a fait la guerre dix ans aux Chrétiens. Se maintenant près du territoire algérien, il y entretenait des relations très-actives, au moyen desquelles il parvint à faire émigrer plusieurs fractions des tribus de la frontière, qui, réunies, pouvaient lui fournir un millier de cavaliers. Il parvint ainsi à recomposer une petite troupe régulière, infanterie et cavalerie, avec les émigrans et quelques-uns de ses anciens soldats dispersés, qui venaient le rejoindre.

Dans ce même temps, il envoya une ambassade à Fez, pour implorer des secours de son chef spirituel, l'empereur Mouley-Abd-er-Rhaman. Si cette ambassade n'eut pas un succès déclaré, elle obtint du moins une grande tolérance pour les manœuvees de l'Émir contre notre frontière. Il trouvait chez les Marocains des ressources pour porter de temps à autre chez nous une guerre de surprises, et dès qu'il se voyait un peu compromis, il rentrait dans son asile, qui était inviolable, jusqu'au moment où la guerre entre le Maroc et nous, serait déclarée.

Les secours donnés à Abd-el-Kader, la liberté qui lui était laissée de nous attaquer, étaient de véritables actes d'hostilité envers la France. Des représentations énergiques et répétées furent faites par notre diplomatie à Tanger.

Précédemment, le général Bedeau, commandant à Tlemcen, ayant voulu visiter notre frontière dans l'hiver de 1843, avait été attaqué par quelques cavaliers du kaïd d'Ouchda, et par un certain nombre de cavaliers des tribus. Sans riposter, il n'opposa à ces fanatiques qu'une attitude calme et ferme qui les arrêta. A la suite de cette échauffourée, il adressa des remontrances très-vives au kaïd d'Ouchda. Celui-ci affirma que les coups de fusil tirés l'avaient été contre sa volonté et celle de l'Empereur ; il promit que cela ne se renouvellerait plus. Depuis, Abd-el-Kader vint deux fois attaquer les environs de Tlemcen, aidé de 3 ou 4,000 Marocains qui l'accompagnaient en volontaires. La manière dont ils furent accueillis sur notre territoire les dégoûta de ces entreprises. Nos plaintes à l'Empereur furent réitérées ; on y répondit avec la mauvaise foi punique, en nous accusant nous-mêmes d'avoir violé le territoire ; mais en même temps on protestait du désir de maintenir la paix.

Le reste de l'année 1843 se passa sans hostilités ouvertes sur cette frontière ; mais Abd-el-Kader continua d'y recevoir une chaleureuse hospitalité, et il était évident que les Marocains avaient très-peu de bienveillance pour nous. Indépendamment du fanatisme religieux et du sentiment national, ils nous voyaient avec inquiétude construire un poste à Lalla-Maghrania, à trois lieues sur la rive gauche de la Tafna, et à même distance de la frontière.

Cette attitude du Maroc éveilla l'attention de nos généraux ; néanmoins, ils purent croire que ce système de malveillance et de perfidie pourrait se prolonger pendant long-tems encore avant de dégénérer en guerre ouverte. Dans l'expectative d'une éventualité qui pouvait se faire attendre long-temps, le Gouverneur-Général ne pouvait suspendre toutes les opérations nécessaires pour achever et consolider notre conquête.

Au printemps de 1844, le général de La Morcière fit manœuvrer plusieurs colonnes pour obtenir la soumission de quelques tribus au sud de Mascara, au sud et au sud-ouest de Tlemcen. De sa personne, il se porta avec une colonne à Lalla-Maghrania, dans le but d'enlever cet ouvrage, de prendre possession de tout le territoire de la frontière, et de forcer les tribus émigrées à rentrer, en s'emparant de leurs récoltes.

Le colonel Eynard manœuvra entre Thiaret et Saïda.

Le général Marey poussa jusqu'à Laghouat, à cent trente lieues d'Alger, afin d'ouvrir à notre commerce une des routes à travers le *Petit Désert*, appelé ainsi, quoique très-habité.

Dans l'est d'Alger, le pays soumis n'allait que jusqu'à l'Isser, c'est-à-dire à dix-huit lieues. Le Gouverneur avait négocié tout l'hiver avec les tribus kabyles qui habitent les deux rives de l'Oued-Sebaou, sur le versant nord du Jurjura. Ces fiers montagnards avaient toujours répondu qu'ils ne se soumettraient qu'après avoir brûlé de la poudre. « Si nous nous soumettions avant, disaient-ils, nos femmes ne voudraient ni nous regarder, ni nous préparer le couscoussou. »

Ce fut donc en vain que nous leur offrîmes la douceur de nos mœurs et de nos lois, les avantages de notre civilisation ; il fallait des argumens plus persuasifs. Le Gouverneur se décida à les envahir lui-même avec une colonne de 6 à 7 mille hommes ; mais, avant d'entreprendre cette expédition difficile, il échelonna les troupes qui restaient disponibles, de manière à ce qu'elles pussent se porter le plus rapidement possible sur la frontière de l'ouest, si nous étions menacés de la guerre avec le Maroc.

Le 12 mai, le Gouverneur, avec la moitié de ses forces, revenait de Dellys, où il avait été chercher un convoi que lui avaient apporté les bateaux à vapeur. Au moment où il allait traverser l'Oued-Sebaou, il fut attaqué par 12,000 Kabyles de la rive droite. Il jeta son convoi de l'autre côté, sous la garde d'un bataillon, et, ayant fait mettre sac à terre au reste de l'infanterie, il prit immédiatement l'offensive. Les Kabyles furent délogés de toutes leurs positions ; ils laissèrent 400 hommes sur le carreau et furent mis dans une complète déroute.

Le Gouverneur, ayant rejoint le reste de ses troupes à Bordj-el-Menaiel, remonta l'Oued-Sebaou, en longeant les montagnes des Flissas. A l'extrémité Est de cette chaîne, il se trouva, le 16, en présence d'un gros rassemblement placé dans une position très-forte, dont les abords étaient couverts par plusieurs redans successifs en pierre sèche. Dans une guerre ordinaire, il eût été prudent de ne pas attaquer un ennemi ainsi posté, de remettre le combat et chercher de meilleures circonstances en manœuvrant autour ; mais la puissance morale, si essentielle dans toutes les guerres, joue un rôle immense dans celle d'Afrique ; la moindre hésitation de notre part est considérée par les indigènes comme un échec pour nous, et le contre-coup s'en fait immédiatement ressentir sur les territoires déjà soumis. Nous sommes tenus de prouver en toute occasion qu'aucun obstacle ne peut nous arrêter.

Pénétré de cette grande nécessité, le général en chef décida l'attaque pour le lendemain de très-grand matin. Plusieurs arêtes conduisaient à la crête de partage des eaux, où se trouvaient les principales forces de l'ennemi. On proposa d'attaquer vivement et en même temps plusieurs d'entre elles : « Non, répondit le gouverneur ; nous aurions ainsi trois ou quatre combats de tête de colonne à livrer, et par conséquent beaucoup plus d'hommes à perdre. Si l'une de ces attaques venait à échouer, les troupes battues ne rallieraient pas les autres, à cause des profonds ravins qui séparent les arêtes. Il vaut mieux monter par un seul point, et arriver tous ensemble à la ligne de partage, là, je couperai la ligne de l'ennemi en deux, et tous les retranchemens que nous n'aurons pas attaqués se trouveront tournés, et tomberont par ce seul mouvement. » Trois bataillons furent destinés à garder les bagages et les sacs des troupes qui devaient faire l'attaque. Le reste de l'infanterie reçut l'ordre de rouler dans le sac de campement, porté en sautoir, du biscuit pour 2 jours et le biscuit que ne pouvait pas contenir la cartouchière. Chaque soldat reçut une ration de viande, qu'il fit cuire pour la mettre dans la poche. L'ambulance et les mulets à cacolets furent distribués, partie derrière le bataillon de tête, partie au centre, partie à la queue. Chaque chef de bataillon reçut l'instruction de prendre l'offensive contre les attaques de flanc, sans attendre l'ordre du commandant en chef. Nous passons sous silence les autres dispositions du détail.

Le 17, à deux heures du matin, la colonne, forte de 4,500 baïonnettes, 200 sabres et 6 pièces de canon, s'ébranla en silence pour aborder l'arête qui avait été choisie, et dont la route avait été soigneusement reconnue, afin de ne pas s'égarer dans l'obscurité.

On n'évaluait pas l'ennemi à moins de 20,000 hommes.

Il avait plu très fort jusqu'à minuit; cette circonstance nous fut très favorable. Les Kabyles avaient quitté les premiers retranchemens pour s'abriter dans les villages qui se trouvent dans les pentes. Nous n'éprouvâmes de résistance que dans un village qui est à cheval dans l'arête, à peu de distance du sommet. Ce point fut enlevé par un bataillon des zouaves, et la tête de colonne atteignit bientôt la crête. Le jour paraissait alors ; toute la partie droite de l'ennemi, effrayée d'être ainsi isolée de la gauche, et voyant ses retranchemens pris à revers, abandonna ses positions.

Quatre bataillons, la cavalerie, une partie de l'artillerie, poursuivirent vivement et firent éprouver à l'ennemi de grandes pertes. Pendant ce temps, la partie gauche de la ligne prenait l'offensive sur quelques compagnies qui avaient été laissées dans un bois pour le contenir, jusqu'à ce que la queue de la colonne pût arriver et opérer sur la gauche des Kabyles, comme nous venions de le faire sur la droite.

Le général en chef, voyant la victoire décidée contre la droite, revint contre la gauche avec une partie des troupes victorieuses. Les Kabyles furent successivement débusqués de plusieurs positions fortes, et ils parurent un instant renoncer au combat: il était alors deux heures après midi. Les troupes étaient fatiguées, le général fit cesser le combat et établit le campement ; mais, sur le soir, des renforts nombreux étant arrivés du pied nord du grand pic du Jurjura, les Kabyles se réunirent de tous côtés et vinrent nous attaquer. Il fallut recommencer la bataille, et ce ne fut que vers six heures du soir que nous restâmes définitivement maîtres de la crête de partage des montagnes de Flissa, où toutes les tribus à vingt-cinq lieues à la ronde étaient venues combattre. Elles avaient perdu un millier d'hommes restés sur place ; notre perte n'était que de 140 hommes.

Le lendemain, le général en chef apprit la nouvelle de l'attaque que les Marocains avaient faite, le 30 mai, contre les troupes du général de La Moricière, en avant de Lalla-Maghrania. Heureusement, il reçut en même temps des offres de soumission de la plupart des tribus qui avaient combattu la veille. Les circonstances lui commandaient de se montrer facile dans les arrangemens. Il renonça au projet qu'il avait de leur imposer une forte contribution de guerre ; il se borna à leur demander les impôts ordinaires. Trois jours furent employés à organiser le pays et à investir de nouveaux chefs. Le 25, le Gouverneur alla s'embarquer à Dellys, escorté par des fonctionnaires qu'il venait de nommer. Deux bataillons s'embarquèrent aussi ; le reste des troupes fut dirigé sur Alger à marches forcées.

Le Gouverneur resta trois jours à Alger pour faire les affaires les plus urgentes et ordonner les dispositions qu'exigeait la guerre qui se manifestait dans l'ouest ; puis, ayant mis sur des bateaux à vapeur, le 48ᵉ et le 3ᵉ léger, un matériel d'ambulance et de l'artillerie de montagne, il partit pour Oran. Il fut assailli par une tempête, et il mit cinq jours à faire une traversée qui ne demande ordinairement que vingt-huit heures. Il débarqua le 3 juin à Oran, et le 12 il rejoignit le général de La Moricière à Lalla-Maghrania.

Pendant la route, il avait remarqué chez les tribus qu'il avait traversées une grande inquiétude. Les chefs se présentaient à son camp ; mais il n'y avait plus cette expansion, cette gaîté qui s'étaient montrées dans la visite qu'il leur avait faite au mois de mars. Il apprit que le pays était inondé de lettres d'Abd-el-Kader et d'agens marocains qui invitaient les populations à la révolte. Il comprit dès-lors qu'il fallait quelques actions éclatantes à la frontière pour contenir en arrière les Arabes, agités par l'espoir de la délivrance.

L'épreuve que subissait alors notre conquête était des plus périlleuses. Pour s'en faire une juste idée, il faut que le lecteur sache que l'empereur de Maroc est, on le dit, descendant de Mahomet, qu'il est le chef religieux de tout le nord de l'Afrique, et qu'il dispose de nombreux guerriers. Il était donc naturel que les tribus de l'Algérie crussent que l'heure de la liberté avait sonné pour elles.

Tout retard, toute hésitation de notre part aurait augmenté le danger.

En arrivant, le Gouverneur écrivit au général marocain, El Guennaoui, pour lui demander une entrevue avec le général Bedeau. La conférence fut acceptée ; le général marocain y vint avec 5,000 hommes. De notre côté, 4 bataillons et 800 chevaux s'avancèrent. Dès le commencement de l'entrevue, plusieurs propos outrageants furent adressés au général Bedeau par les assistans et bientôt après, plusieurs coups de fusil furent tirés contre nos troupes : ils blessèrent le capitaine Daumas et plusieurs soldats. Le général marocain suspendit un instant les pourparlers, pour rétablir l'ordre. Pendant ce temps, le général Bedeau et les officiers de sa suite eurent une contenance calme et ferme. En rentrant, El Guennaoui déclara que, ne pouvant pas contenir l'enthousiasme de ses soldats, il fallait terminer au plus vite. Il ajouta que l'empereur désirait rester en paix, mais qu'il voulait que les Français abandonnassent Lalla-Maghrania, et se retirassent derrière la Tafna, qui serait désormais notre limite.

« Je ne suis pas autorisé, dit le général Bedeau, à faire une pareille concession. — Si vous ne la faites, répliqua El Guennaoui, c'est la guerre. — Soit ! » répondit le général Bedeau. Là dessus on se sépara. Le général Bedeau rejoignit les troupes en observation ; mais, au moment où commença sa retraite, son arrière-garde fut vivement attaquée.

Instruit de ce qui passait, le gouverneur sortit brusquement du camp, rallia les généraux Bedeau et La Morieière, reprit l'offensive, mit les Marocains en déroute, et leur tua 400 hommes, qui restèrent en notre pouvoir. Nous perdîmes dans cette circonstance deux capitaines de spahis, et une vingtaine d'hommes tués ou blessés. Ce petit combat produisit le meilleur effet en avant et en arrière. Plusieurs chefs arabes, qui avaient accompagné le gouverneur, furent renvoyés, pour en porter la nouvelle à leurs tribus, qui dès ce jour montrèrent beaucoup plus d'empressement pour les approvisionnemens de l'armée.

Le lendemain, le gouverneur écrivit à El Guennaoui qu'il ne respecterait plus le territoire marocain, qu'il y chercherait Abd-el-Kader, qu'il entrerait à Ouchda, et que cependant il était toujours prêt à rétablir l'harmonie entre les deux empires, aux conditions qu'il lui indiquait.

Nous entrâmes, en effet, à Ouchda, que les Marocains ne défendirent pas. La ville fut respectée ; nous vécûmes abondamment dans le voisinage, mais sans détruire. Nous observions encore des ménagemens, dans l'espoir d'éviter une guerre sérieuse.

Le 3 juillet, nous revenions sur Lalla-Maghrania, en longeant la rive droite de l'Isly; les Marocains nous suivirent pendant une lieue en tiraillant. Il paraissait évident qu'ils n'avaient pas l'intention d'en venir à un combat sérieux, mais qu'ils voulaient seulement pouvoir se glorifier de nous avoir poursuivis.

Le général, ne voulant pas leur laisser ce petit avantage moral, fit volte-face et marcha sur eux ; ils furent bientôt mis en déroute. Notre cavalerie lancée, après une heure de poursuite, en sabra quelques-uns, et tous disparurent sur divers points de l'horizon. Cette action, peu importante par ses résultats matériels, produisit encore un bon effet moral, nos soldats appréciant de plus en plus la faiblesse de ces multitudes désordonnées. De leur côté les Marocains apprenaient à nous respecter, et les impressions des combats des 15 juin et du 3 juillet nous ont puissamment aidés dans la bataille du 14 août.

El Guennaoui, malheureux dans deux combats, fut arrêté et remplacé par Sidi-Hamida. On répandit habilement que la destitution du premier était due à ce qu'il avait attaqué contre la volonté de l'empereur.

Hamida s'empressa d'ouvrir des relations avec le gouverneur ; il protesta de l'envie qu'avait son maître de rester en paix ; il annonça l'arrivée du fils de l'empereur, qui venait avec des intentions pacifiques. Nous étions alors en avant d'Ouchda : nous n'avions plus de vivres, et nos cacolets étaient garnis de malades : il fallait de toute nécessité revenir à Lalla-Maghrania. Le gouverneur, attribuant sa retraite à notre modération, répondit que, puisqu'on lui tenait ce langage, il allait se retirer derrière nos limites, et que là il attendrait les communications qu'aurait à lui faire le fils de l'empereur. C'était une espèce de suspension d'armes ; elle n'avait que des avantages pour nous, puisque les effets moraux étaient en notre faveur, que la chaleur était trop grande pour donner de l'activité à la guerre, et que d'ailleurs il nous arriverait des renforts de cavalerie.

Le fils de l'empereur se fit long-temps attendre ; il fit une grande halte à Tésa, une autre à Aïoun-Sidi-Mellouck ; enfin il se décida à venir jusqu'à Coudiat-Abd-er-Rhaman, à trois lieues ouest d'Ouchda ; de là il fit écrire au gouverneur par Sidi-Hamida. Comme toujours, il protesta de son désir de la paix ; mais il terminait en demandant d'une manière péremptoire les limites de la Tafna. Le général en chef répondit par les mêmes protestations pacifiques; mais, quant à l'abandon de Lalla-Maghrania et de toute la rive gauche de la Tafna, il dit que *Dieu seul pouvait l'y contraindre.* De ce jour il n'y eut plus aucune communication.

Nous apprenions à chaque instant par quelques Arabes des environs de Nédroma, qui communiquaient avec le camp des Marocains, que l'armée du fils de l'empereur se renforçait journellement, que déjà elle se composait de sept camps, posés sur sept collines rapprochées ; ils ajoutaient que chacun de ces camps était aussi grand que le nôtre.

L'approche du fils de l'empereur, les forces nombreuses qu'il conduisait, avaient réveillé les espérances derrière nous. La bonne volonté des tribus s'affaiblissait graduellement. Les transports qu'elles nous fournissaient diminuaient. Quelques partis s'étaient montrés sur notre communication avec le port de Djemad-Ghazouet. Il était à redouter que les Marocains ne fissent un gros détachement par notre gauche, pour aller avec Abd-el-Kader insurger le pays derrière nous. Toutes ces circonstances rendaient une bataille désirable, car une plus longue attente pouvait nous ruiner sans combattre. Il était urgent d'attaquer cette armée tant qu'elle était agglomérée, et avant qu'elle eût reçu des renforts d'infanterie, qui devaient lui arriver des montagnes du Riff.

Le Maréchal se décida donc à attaquer l'armée marocaine. A cet effet, il rappela le général Bedeau, qui était en observation à Sebdou avec 4 bataillons et 4 escadrons. Il appela aussi à lui 2 escadrons du 2ᵉ de hussards qui étaient arrivés à Tlemcen. Ces deux détachements le rejoignirent le 12 août.

Depuis plusieurs jours, le Maréchal préparait moralement et matériellement sa petite armée à la grande action qui s'annonçait ; il réunit plusieurs fois les officiers sous-officiers et soldats autour de lui, pour les bien pénétrer de quelques vérités, de quelques principes, dont la démonstration et l'application étaient prochaines.

« Les multitudes désordonnées, leur disait-il, ne tirent aucune puissance de leur nombre, parce que n'ayant ni organisation, ni discipline, ni tactique, elles ne peuvent avoir d'harmonie, et que sans harmonie il n'y a pas de force d'ensemble. Tous ces individus, quoique braves et maniant bien leurs armes isolément, ne forment, quand ils sont réunis en grand nombre, qu'une détestable armée. Ils n'ont aucun moyen de diriger leurs efforts généraux vers un but commun ; ils ne peuvent point échelonner leurs forces et se ménager des réserves ; ils ne peuvent pas se rallier et revenir au combat, car ils n'ont pas même des mots pour s'entendre et rétablir l'ordre. Ils n'ont qu'une seule action, celle de la première impulsion. Quand ils échouent, et ils doivent toujours échouer devant votre ordre et votre fermeté, il faudrait un dieu pour les rallier et les ramener au combat. Ne les comptez donc pas ; il est absolument indifférent d'en combattre 40 mille ou 10 mille, pourvu que vous ne les jugiez pas par vos yeux ; mais bien par votre raisonnement, qui vous fait comprendre leur faiblesse. Pénétrez au milieu de cette multude, vous la fendrez comme un vaisseau fend les ondes. Frappez et marchez sans regarder derrière vous : c'est la forêt enchantée ; tout disparaîtra avec une facilité qui vous étonnera vous-même. »

Ces grandes vérités, répétées plusieurs fois sous diverses formes et avec de nouveaux développemens, portèrent la conviction dans tous les esprits. Il n'était pas un soldat qui ne crût à une victoire certaine. La seule crainte qui existât, c'est que les Marocains ne voulussent pas accepter la bataille.

Le Général en chef ne se borna pas à préparer les armes et les esprits, il fit répéter, toutes les armes réunies, la manœuvre qu'il avait adoptée pour combattre la nombreuse cavalerie marocaine. C'était un grand carré formé d'autant de petits carrés que nous avions de bataillons. L'ambulance, les bagages, le troupeau, étaient au centre, ainsi que la cavalerie formée en deux colonnes sur chaque côté du convoi. L'artillerie était distribuée sur les quatre faces, vis-à-vis des intervalles des bataillons, qui étaient de 120 pas. On devait marcher à l'ennemi par l'un des angles formé par un bataillon qui était celui de direction. La moitié des autres bataillons était échelonnée à droite et à gauche sur celui-ci. L'autre moitié des bataillons formait la même figure, renversée en arrière. C'était donc un grand losange, fait avec des colonnes à demi-distance par bataillon, prêtes à former le carré. Derrière le bataillon de direction se trouvaient deux bataillons en réserve et ne faisant pas partie du système, c'est-à-dire, pouvant être détachés pour agir selon les circonstances.

Les avantages que cette disposition a sur les grands carrés à face continue seront évidens pour les hommes de l'art.

1° Ce grand losange marche avec autant de légéreté qu'un seul bataillon, car chaque bataillon n'a qu'à observer sa distance avec le bataillon qui précède.

2° Et, c'est là le point important, chaque bataillon est indépendant de son voisin qu'il protège, et dont il reçoit protection par le croisement des feux ; il ne subit pas inévitablement les conséquences de l'échec qu'aurait éprouvé son voisin ; il a sa force en lui-même.

3° La cavalerie peut sortir et rentrer par les intervalles au moment opportun, sans rien déranger à l'harmonie du système.

Le 12 au soir, les officiers de l'ancienne cavalerie de la colonne offrirent un grand punch à leurs camarades qui venaient d'arriver. Le lit pittoresque de l'Ouerdefou, ruisseau sur le bord duquel nous étions campés, avait été artistement préparé et formait un jardin délicieux ; il était illuminé par toutes les bougies que l'on avait pu trouver dans le camp et par quarante gamelles de punch, dont la flamme bleue, se réfléchissant sur les feuillages divers, produisait un effet admirable.

Le Maréchal avait été invité à cette fête de famille. Au premier verre de punch, il lui fut porté un toast qui lui fournit l'heureuse occasion de parler de la bataille qui se préparait ; il le fit avec tant de chaleur, que le plus grand enthousiasme se manifesta dans cette foule d'officiers jeunes et ardens. Ils se précipitèrent dans les bras les uns des autres, en jurant de faire tout pour mériter l'estime de leurs chefs et de leurs camarades ; ils se promirent de se secourir mutuellement de régiment à régiment, d'escadron à escadron, de camarades à camarades. Des larmes, provoquées par le sentiment le plus vif de la gloire et de l'honneur, ruisselaient sur leurs longues moustaches. « Ah ! s'écria le Général, si un seul instant j'avais pu douter de la victoire, ce qui se passe en ce moment ferait disparaître toutes mes incertitudes. Avec des hommes comme vous, on peut tout entreprendre. »

Il indiqua alors la marche progressive de la bataille, ses épisodes probables, ses résultats. Ses auditeurs se rappelleront toujours que les choses se sont passées exactement comme il les avait décrites.

Nous avons dit que l'on craignait que les Marocains ne voulussent pas accepter combat; dans le but de le leur rendre inévitable, nous feignîmes, le 13 au soir, de faire un fourrage, qui nous porta 4 lieues en avant de notre camp. Comme nous avions souvent fourragé dans la même direction et presque à la même distance, il était à présumer que l'ennemi ne prendrait pas cela pour un mouvement offensif, et qu'ayant ainsi gagné quatre lieues, nous n'en aurions que quatre à faire pendant la nuit, de telle sorte qu'au jour nous pouvions nous trouver en présence du camp marocain, que nous croyions plus près qu'il ne l'était réellement. A l'entrée de la nuit, les fourrageurs reployèrent sur les colonnes pour simuler la retraite sur notre camp, et, dès que nous fûmes dérobés à la vue des éclaireurs marocains, les colonnes s'arrêtèrent; il leur fut ordonné de se reposer pendant quatre heures, sans rien déranger à l'ordre de marche; elles furent entourées de vedettes.

A minuit, nous nous remîmes en mouvement; au petit jour, nous arrivions à l'Isly; nous n'y trouvâmes point d'ennemis. Le passage, assez difficile, nous prit plus de temps que nous ne pensions; il était cinq heures du matin quand nous nous remîmes en marche. Comme nous avions été signalés par les éclaireurs, les Marocains avaient tout le temps nécessaire pour lever leur camp et éviter la bataille; mais, pleins de confiance dans leur nombre et fiers du souvenir de la destruction de l'armée de don

Sébastien de Portugal, ils s'étaient décidés à l'accepter, et nous rencontrâmes leur armée au second passage de l'Isly. Leur camp s'apercevait à deux lieues de là; il blanchissait toutes les collines. A cet aspect, nos soldats firent éclater des cris de joie. Le bâton qu'ils portent pour s'aider dans la marche et tendre leurs petites tentes fut jeté en l'air avec un ensemble qui prouvait que tous à la fois avait été frappés du même sentiment de satisfaction.

Le Maréchal fit faire une halte de quelques minutes pour donner ses dernières instructions à tous les chefs de corps réunis autour de lui. Comme il savait qu'il n'y avait que trois gués, il ordonna de passer la rivière en ordre de marche, et de ne prendre l'ordre de combat que sur l'autre rive, après en avoir chassé les nombreux cavaliers qui l'occupaient. Cette manœuvre hardie eût été impossible devant des troupes européennes, car on sait le danger qu'il y a de se former sous le feu de son ennemi; mais, entre deux inconvéniens, il fallait éviter le plus grand. Si l'on avait pris l'ordre de combat avant d'avoir passé la rivière, il aurait fallu presque autant de gués que de bataillons pour ne pas se brouiller; or, il n'y en avait que trois; partout ailleurs, c'étaient des berges escarpés.

Le passage s'opéra avec audace; l'ordre de bataille fut pris sous le feu le plus vif et sous des attaques réitérées. Bientôt l'ennemi déploya toutes ses forces en un vaste croissant, qui, en se fermant, nous enveloppa complètement. Le bataillon de tête fut dirigé sur le camp, les troupes marchaient au grand pas accéléré, le général ayant défendu de battre la charge, disant que de tels ennemis ne méritaient pas cet honneur.

Nous marchâmes pendant une heure au milieu de cette nuée de cavaliers, en repoussant leurs attaques par la fusillade et la mitraille; ils portèrent leurs principaux efforts sur nos derrières, peut-être dans l'espérance de ralentir notre marche sur le camp. On ne fit que deux petites haltes pour raccorder les bataillons qui avaient été dans la nécessité de s'arrêter afin de repousser les attaques. Enfin, le général voyant l'ennemi dégoûté du combat et éparpillé sur tous les points de l'horizon, fit sortir la cavalerie, qui se forma en échelon disposés à l'avance : le premier se dirigea sur le camp, les autres étaient échelonnés : le premier devait s'appuyer à la rivière. Cette cavalerie ne pouvait plus rencontrer sur sa route de forces capables de l'arrêter, et d'ailleurs l'infanterie, continuant et accélérant sa marche, lui présentait un appui, et au besoin un asile assuré. Tout céda devant elle ; le camp, les canons, les bagages, les bêtes de somme, tout tomba en son pouvoir.

L'ennemi était parvenu à rallier de l'autre côté du camp 8 à 10,000 chevaux qui se disposaient à reprendre l'offensive sur notre cavalerie, rompue par l'enlèvement de ce vaste camp ; mais l'infanterie, laissant les tentes sur sa droite, vint faire un bouclier à nos cavaliers. Après un petit temps d'arrêt pour rallier et laisser respirer les hommes, on reprit l'offensive, et notre cavalerie étant réunie, nous franchîmes une troisième fois l'Isly, et nous poussâmes cette vaste cohue sur la route de Fez. Il était alors midi. Aucun autre cours d'eau n'était connu que celui d'Aïoun-Sidi-Mellouk, qui est à douze lieues de là ; on ne pouvait espérer de prendre la cavalerie, et l'on avait entre les mains tout ce qui était saisissable.

Le Maréchal, toujours attentif à ménager les forces des soldats, fit cesser la poursuite, et nous ramena au camp marocain, où de nombreuses provisions nous dédommagèrent de nos fatigues.

Ainsi finit cette bataille qui a consacré la conquête de l'Algérie.

RAPPORT DE M. LE MARÉCHAL BUGEAUD.

Bivouac près de Coudiat Abd-er-Rhaman, le 17 août 1844.

Monsieur le Ministre,

Le fils de l'empereur Muleï-Abd-er-Rhaman n'avait pas répondu à la lettre que je lui avais écrite, après l'espèce de sommation qu'il me faisait d'évacuer Lalla-Magrenia si nous voulions la paix. Son armée se renforçait chaque jour par de nouveaux contingens, et l'orgueil s'augmentait avec les forces.

On parlait ouvertement dans le camp marocain de prendre Tlemcen, Oran, Mascara et même Alger. C'était une véritable croisade pour rétablir les affaires de l'islamisme. On croyait qu'il nous était impossible de résister à une aussi grande réunion de cavaliers des plus renommés dans l'empire du Maroc, et l'on n'attendait pour nous attaquer que l'arrivée des contingens d'infanterie des Beni-Senassen et du Rif, qui devaient nous assaillir par les montagnes au pied desquelles se trouve Lalla-Maghrania, pendant qu'une immense cavalerie nous envelopperait du côté de la plaine.

Les neuf jours d'incertitude qui venaient de s'écouler avaient déjà jeté derrière moi du trouble dans les esprits ; les partis ennemis avaient déjà attaqué deux fois nos convois de Djemâa-Ghazouat, et la bonne volonté des tribus qui les font étaient bien près de s'éteindre. Deux reconnaissances étaient venues jusqu'à une portée de fusil de Lalla-Magrenia, et avaient attaqué nos avant-postes.

Un plus long doute sur notre force et sur notre volonté de combattre les adversaires que nous avions en face pouvait provoquer derrière nous des révoltes qui, indépendamment des autres embarras, auraient suspendu les approvisionnemens des corps d'armée de l'ouest. J'aurais préféré, par ces chaleurs excessives, recevoir la bataille que d'aller attaquer un ennemi qui était à huit lieues de moi ; mais les dangers d'une plus longue attente me décidèrent à prendre l'initiative.

Le général Bedeau m'ayant rallié le 12 avec trois bataillons et six escadrons, je me portai en avant le 13, à trois heures après-midi, en simulant un grand fourrage, afin de ne pas laisser comprendre à l'ennemi que c'était réellement un mouvement offensif. A la tombée de la nuit les fourrageurs revinrent sur les colonnes, et nous campâmes dans l'ordre de marche, en silence et sans feu. A deux heures du matin, je me remis en mouvement.

Je passai une première fois l'Isly, au point du jour, sans rencontrer l'ennemi. Arrivé à huit heures du matin sur les hauteurs du Djarf-el-Akhdar, nous aperçûmes tous les camps marocains encore en place, s'étendant sur les collines de la rive droite. Toute la cavalerie qui les composait s'était portée en avant pour nous attaquer au second passage de la rivière. Au milieu d'une grosse masse qui se trouvait sur la partie la plus élevée, nous distinguâmes parfaitement le groupe du fils de l'empereur, ses drapeaux et son parasol, signe du commandement.

Ce fut le point que je donnai au bataillon de direction, de mon ordre échelonné. Arrivés là, nous devions converger à droite et nous porter sur les camps, en tenant le sommet des collines avec la face gauche de mon carré de réserve. Tous les chefs des diverses parties de mon ordre de combat étaient près de moi : je leur donnai rapidement mes instructions, et après cinq ou six minutes de halte, nous descendîmes sur les gués, au simple pas accéléré et au son des instrumens.

De nombreux cavaliers défendaient le passage ; ils furent repoussés par mes tirailleurs d'infanterie, avec quelques pertes des deux côtés, et j'atteignis bientôt le plateau immédiatement inférieur à la butte la plus élevée, où se trouvait le fils de l'empereur. J'y dirigeai le feu de mes quatre pièces de campagne, et à l'instant le plus grand trouble s'y manifesta.

Dans ce moment des masses énormes de cavalerie sortirent des deux côtés de derrière les collines, et assaillirent à la fois mes deux flancs et ma queue. J'eus besoin de toute la solidité de mon infanterie ; pas un homme ne se montra faible. Nos tirailluers, qui n'étaient qu'à cinquante pas des carrés, attendirent de pied ferme ces multitudes, sans faire un pas en arrière ; ils avaient ordre de se coucher par terre si la charge arrivait jusqu'à eux, afin de ne pas gêner le feu des carrés. Sur la ligne des angles morts des bataillons, l'artillerie vomissait la mitraille.

Les masses ennemies furent arrêtées, et se mirent à tourbillonner. J'accélérai leur retraite, et j'augmentai leur désordre en retournant sur elles mes 4 pièces de campagne qui marchaient en tête du système Dès que je vis que les efforts de l'ennemi sur mes flancs, étaient brisés, je continuai ma marche en avant. La grande butte fut enlevée et la conversion sur les camps s'opéra.

La cavalerie de l'ennemi se trouvant divisée par ses propres mouvemens, et par ma marche qui la coupait en deux, je crus le moment venu de faire sortir la mienne sur le point capital, qui, selon moi, était le camp que je supposais défendu par l'infanterie et l'artillerie. Je donnai l'ordre au colonel Tartas d'échelonner ses dix-neuf escadrons par la gauche, de manière à ce que son dernier échelon fût appuyé à la rive droite de l'Isly.

Le colonel Jusuf commandait le premier échelon, qui se composait de six escadrons de spahis, soutenus de très-près en arrière par trois escadrons du 4° chasseurs.

Ayant sabré bon nombre de cavaliers, le colonel Jusuf aborda cet immense camp, après avoir reçu plusieurs décharges de l'artillerie; il le trouva rempli de cavaliers et de fantassins qui disputèrent le terrain pied à pied. La réserve des trois escadrons du 4° chasseurs arriva; une nouvelle impulsion fut donnée, l'artillerie fut prise et le camp fut enlevé.

Il était couvert de cadavres d'hommes et de chevaux. Toute l'artillerie, toutes les provisions de guerre et de bouche; les tentes du fils de l'empereur, les tentes de tous les chefs; les boutiques de nombreux marchands qui accompagnaient l'armée, tout, en un mot, resta en notre pouvoir. Mais ce bel épisode de la campagne nous avait coûté cher : 4 officiers de spahis et une quinzaine de spahis et de chasseurs y avaient perdu la vie; plusieurs autres étaient blessés..

Pendant ce tems, le colonel Morris, qui commandait les 2° et 3° échelons, voyant une grosse masse de cavalerie qui se précipitait de nouveau sur mon aile droite, passa l'Isly pour briser cette charge en attaquant l'ennemi par son flanc droit. L'attaque contre notre infanterie échoua comme les autres; mais alors le colonel Morris eut à soutenir le combat le plus inégal.

Ne pouvant se retirer sans s'exposer à une défaite, il résolut de combattre énergiquement jusqu'à ce qu'il lui arrivât du secours. Cette lutte dura plus d'une demi-heure, ces six escadrons furent successivement engagés et a plusieurs reprises; nos chasseurs firent des prodiges de valeur; trois cents cavaliers, Berbères ou Abids-Bokhari, tombèrent sous leurs coups.

Enfin, le général Bedeau, commandant l'aile droite, ayant vu l'immense danger que courrait le 2ᵉ chasseurs, détacha le bataillon de zouaves, un bataillon du 15ᵉ léger et le 10ᵉ bataillon de chasseurs d'Orléans pour attaquer l'ennemi du côté des montagnes; ce mouvement détermina sa retraite. Le colonel Morris reprit alors l'offensive sur lui et exécuta plusieurs charges heureuses dans la gorge par où il se retirait : cet épisode est un des plus vigoureux de la journée : 550 chasseurs du 2ᵉ combattirent 6,000 cavaliers ennemis. Chaque chasseur rapporta un trophée de cet engagement, celui-ci un drapeau, celui-là un cheval, celui-là une armure, tel autre un harnachement.

L'infanterie n'avait pas tardé à suivre au camp les premiers échelons de cavalerie, l'ennemi s'était rallié en grosse masse sur la rive gauche de l'Isly et semblait se disposer à reprendre le camp; l'infanterie et l'artillerie le traversèrent rapidement, l'artillerie se mit en batterie sur la rive droite et lança de la mitraille sur cette vaste confusion de cavaliers se réunissant de tous côtés; l'infanterie passe alors la rivière sous la protection de l'artillerie, les spahis débouchent et sont alors suivis de près par les trois escadrons du 4ᵉ, et le quatrième échelon composé de deux escadrons du 1ᵉʳ régiment de chasseurs, et de deux escadrons du 2e régiment de hussards, aux ordres de M. le colonel Gagnon.

Les spahis, se voyant bien soutenus par la cavalerie et l'infanterie, recommencèrent l'attaque; l'ennemi fut vigoureusement poussé pendant une lieue, sa déroute devint complète, il se retira, partie par la route de Thaza, partie par les vallées qui conduisent aux montagnes des Beni-Senassen.

Il était alors midi, la chaleur était grande, les troupes de toutes armes étaient très fatiguées, il n'y avait plus de bagages ni d'artillerie à prendre, puisque tout était pris. Je fis cesser la poursuite et je ramenai toutes les troupes dans le camp du sultan.

Le colonel Jusuf m'avait fait réserver la tente du fils de l'empereur; on y avait réuni les drapeaux pris sur l'ennemi, au nombre de dix-huit, les 11 pièces d'artillerie, le parasol de commandement du fils de l'empereur et une foule d'autres trophées de la journée.

Les Marocains ont laissé sur le champ de bataille au moins 800 morts, presque tous de cavalerie, l'infanterie qui était peu nombreuse, nous échappa en très-grande partie à la faveur des ravins. Cette armée a perdu en outre tout son matériel; elle a dû avoir de 1,500 à 2,000 blessés.

Notre perte a été de 4 officiers tués, 10 autres blessés; de 23 sous-officiers ou soldats tués, et de 86 blessés.

La bataille d'Isly est, dans l'opinion de toute l'armée, la consécration de notre conquête de l'Algérie; elle ne peut manquer aussi d'accélérer de beaucoup la conclusion de nos différends avec l'empire de Maroc.

Je ne saurais trop louer la conduite de toutes les armes dans cette action, qui prouve une fois de plus la puissance de l'organisation et de la tactique sur les masses qui n'ont que l'avantage du nombre. Sur toutes les faces du grand losange formé de carrés par bataillon, l'infanterie a montré un sang-froid imperturbable; les bataillons des quatre angles ont été tour à tour assaillis par 3 ou 4,000 chevaux à la fois, et rien n'a été ébranlé un seul instant; l'artillerie sortait en avant des carrés pour lancer la mitraille de plus près; la cavalerie, quand le moment a été venu, est sortie avec une impétuosité irrésistible, et a renversé tout ce qui se trouvait devant elle.

D'après tous les rapports des prisonniers et des Arabes qui avaient vu les camps de l'ennemi, on ne peut évaluer ses cavaliers à moins de 25,000 ; ils se sont montrés très-audacieux, mais la confusion rendait leurs efforts impuissans; les plus braves venaient se faire tuer à bout portant. Il ne leur manquait pour bien faire que la force d'ensemble et une infanterie bien constituée pour appuyer leur mouvement.

Avec un gouvernement comme le leur, il faudrait plusieurs siècles pour leur donner ces conditions du succès dans les batailles.

Je n'entreprendrai pas d'énumérer toutes les actions d'éclat qui ont signalé cette journée, mais je ne puis me dispenser de citer les noms des militaires de tous grades qu'on a le plus remarqués.

J'ai été parfaitement secondé dans la conduite de cette bataille, qui a duré quatre heures, par M. le lieutenant-général de La Moricière, par M. le général Bedeau, commandant la colonne de droite; par MM. le colonel Pélissier, commandant la colonne de gauche; le colonel Cavaignac, du 32ᵉ, commandant la tête de colonne du centre; le colonel Gachot, du 3ᵉ léger, commandant l'arrière-garde, le colonel Tartas, commandant toute la cavalerie; par M. le colonel Jusuf, qui s'est hautement distingué dans le commandement des neuf escadrons composant le premier échelon de cavalerie, et M. le colonel Morris, qui a soutenu avec autant d'intelligence que de vigueur le combat sur la rive gauche de l'Isly, que j'ai décrit plus haut. M. le capitaine Bonami, commandant mes seize pièces d'artillerie, a dirigé son feu partout avec intelligence, et a rendu de très-grands services.

Je citerai dans l'État-Major général : mon aide-de-camp, M. le colonel Eynard; M. le lieutenant-colonel de Crény, chef d'état-major de la colonne; MM. les chefs d'escadron de Gouyon et de Martimprey; M. le colonel Foy, qui a rempli auprès de moi les fonctions d'officier d'ordonnance; M. le commandant Caillé, qui a rempli les mêmes fonctions auprès du général Bedeau; MM. les capitaines de Courson, Espivent, de Cissey et Trochu, M. le lieutenant Baudoin, mes officiers d'ordonnance. MM. le chef d'escadron Rivet et les capitaines Guillemot et de Garraube; mon interprète principal, M. Roches, qui se distingue en toute occasion de guerre, pour laquelle la nature l'avait fait; enfin, le chef douair Kaïd-Mohammed-ben-Kadour, attaché à ma personne, qui a pris un drapeau.

Je citerai dans le corps des spahis: MM. les lieutenans Damotte et Diter, et les sous-lieutenans Rozetti et Bouchakor, tués en enlevant le camp; MM. les chefs d'escadrons d'Allonville, Favas et Cassaignolles; les capitaines Offroy (blessé), Bioud et Jozon, qui se sont hautement distingués en enlevant des pièces d'artillerie, les capitaines Lambert et Fleury, adjudant-major; les lieutenans Legrand, Gautrot et Michel; les sous-lieutenans Du Barail (blessé); Bertrand, de Noissac; le lieutenant indigène Mustapha-Ahmet; les sous-lieutenans Kaïd-Osman; Mohammed-Boukaïa, qui a pris un drapeau; le chirurgien aide-major Stéphanopoli; l'artiste vétérinaire en premier Lagardère; les adjudans Kobus et Lefebvre; les maréchaux-des-logis Candas, Mohammed-ben-Sabor, qui a pris un drapeau; Cuissin, de Bardiès, Pigeon Lafayette, Mignot, Beguind, Massé, Gide, Chalamel (blessé); Adji-Braham; les brigadiers Ben-Djerid, de Pradel; Schafi bel-Arbi, qui a pris un drapeau; Jacotot Rouzé (blessé), qui a pris un drapeau; Kneud-Addo-Ben-Astman; les spahis Kaddour-Ahmed, qui a pris un drapeau; Bonafosse (blessé); Mohammed-ben-Abid (blessé), Courvoisier, qui a pris un drapeau; Hugon (blessé), de Doubet, Kaddour-ben-Abd-el-Kader (blessé); les trompettes Landri, Justin et Dugommier (blessé).

Dans les 3 trois escadrons du 4e chasseurs :

M. le commandant Crestey; MM. les capitaines de Loë, Ducrest, Laillot, de Noyac; les lieutenans Gouget et Lebègue; les sous-lieutenans Guiraud, Nyël (blessé), Hayaërt, de Balzac, le chirurgien aide-major Vallin (blessé), le vétérinaire Vallon; les maréchaux-des-logis Bouraud, Gardolle, Cordier, d'Henriquin, Vialand, Pétion, Noyras; les brigadiers Bory, Nunier, Dupug, Gérard (tué), Jude, brigadier-trompette; les chasseurs Daguet, Courteau, Carlier et Dupuat (blessé) : le premier a pris un drapeau; Helstein et Jayet (blessé), Vesse, Hugues (qui a pris un drapeau), Rabert, Guicheteau, Barthelemi (blessé), Reynaud.

Dans le 2e régiment de chasseurs :

M. le chef d'escadron Houdaille; MM. les capitaines de Forton, de Cotte, Rousseau, Lecomte, Joly, Delacaze et Houssayé, adjudant-major; les lieutenans Vaterneau de Vidil, Colonna; les sous-lieutenans de Magny (blessé), de la Chère (blessé): Espanet, Roget; l'adjudant Justrac; les maréchaux-des-logis-chefs Pongerville, Baudette, Aubin et le trompette-major Maury; les maréchaux-des-logis Cornac (blessé), de Brignode-Lenormand), qui a pris le grand étendard, Pargny, Frantz, Boullanger, Beaudoin, Single (blessé), Rougerat; les brigadiers Landry, Maurice (blessé), Kergrée, Dangé (blessé), Renaud, Bernard, Guillaumen, Riebès, qui a pris un drapeau ; les chasseurs Timetdebat, qui a pris un drapeau ; Lallemand, qui a pris un drapeau ; Vagnerr (blessé), Esther, qui a tué un porte-étendard, Pagès, trompette, Malpas (blessé), Schmitt (blessé).

Dans le 1er régiment de chasseurs :

MM. les capitaines Tallet et Vidalin ; Rivat, lieutenant ; Dervieux, sous-lieutenant; les maréchaux-des-logis Lauth et Raymond ; le brigadier Pack.

Dans le 2e de hussards :

M. le colonel de Gagnon ; M. le chef d'escadron Courby de Cognord ; les capitaines Gentil St-Alphonse et Delard, le lieutenant Pernet, le sous-lieutenant Aragnon ; les maréchaux-des-logis Barnoud et Marlien.

M. le colonel Tartas cite particulièrement M. le capitaine-adjudant-major Bastide, du 4e chasseurs ; les adjudans Lecarlier de Veslud et Durys ; le trompette-major Saignie et le brigadier Lestoquoy.

Je dois citer encore dans le mackzen, M. le chef d'escadron Walsin Esterhazy, commandant les Douairs et les Smélas.

Je citerai comme s'étant fait principalement remarquer dans la colonne de droite :

M. le colonel Chadeysson, du 15e régiment d'infanterie légère ; le commandant Bosc, du 13e léger ; le commandant d'Autemarre, des zouaves ; le capitaine Guyot, du 9e bataillon des chasseurs d'Orléans ; le capitaine Hardy, du 13e léger ; l'adjudant Cambon, des zouaves ; le sergent Safrané, du même corps.

Dans la colonne de gauche :

M. le colonel de Comps, commandant les 3 bataillons du 48e ;

MM. les chefs de bataillon Blondeau, Chevauchand-Latour et

Fossier, du même régiment ; le lieutenant Carbonnel et le caporal Brégaud, aussi du 48e ; M. le colonel Renault, commandant le 6e léger ; le carabinier Morel, du même corps ; le chef de bataillon Boat, commandant le 10e bataillon de chasseurs d'Orléans ; le caporal Sorval, du même bataillon.

Dans les bataillons faisant tête de colonne, je citerai :

M. le commandant Froment-Coste, commandant le 8e bataillon de chasseurs d'Orléans ; MM. les capitaines Delmas et Dutertre, et l'adjudant sous-officier Fléchel, du même corps

Dans le 32e régiment, M. le capitaine adjudant-major Chardon et le sergent de voltigeurs Binker.

Dans le 41e, M. le colonel Roguet, le lieutenant de grenadiers Iratsoguy, le sergent de grenadiers Milhourat.

Dans les bataillons formant l'arrière-garde :

M. le chef de bataillon de Bèze, du 3e léger ; M. le capitaine Morizot, le sous-lieutenant Bonnefons, le chirurgien-major Durouthé, les sergens Durazzo et Guezennec, le carabinier Lautrin et le voltigeur Berlière du même corps.

Dans le 3e bataillon de chasseurs d'Orléans, M. le chef de bataillon Bauyn de Perreuse et le capitaine Jourdain.

Dans l'artillerie :

MM. Clapier, capitaine ; Place, capitaine. MM. les lieutenans Duchaud, Lebœuf et Chavaudret ; les maréchaux-des-logis Loubion, Wœchter, Maure, Déché ; le brigadier Cotteret ; le canonier Lamboulas.

Enfin, je dois une mention particulière à M. le capitaine Delamoissonnière, du 48e, remplissant dans ma colonne les fonctions de sous-intendant ; à M. Philippe, chirurgien principal de la colonne, et à M. Barbet, comptable des hôpitaux, directeur des ambulances.

Agréez, Monsieur le Ministre, l'assurance de mon respectueux dévoûment.

Le Gouverneur-Général,

Maréchal BUGEAUD.

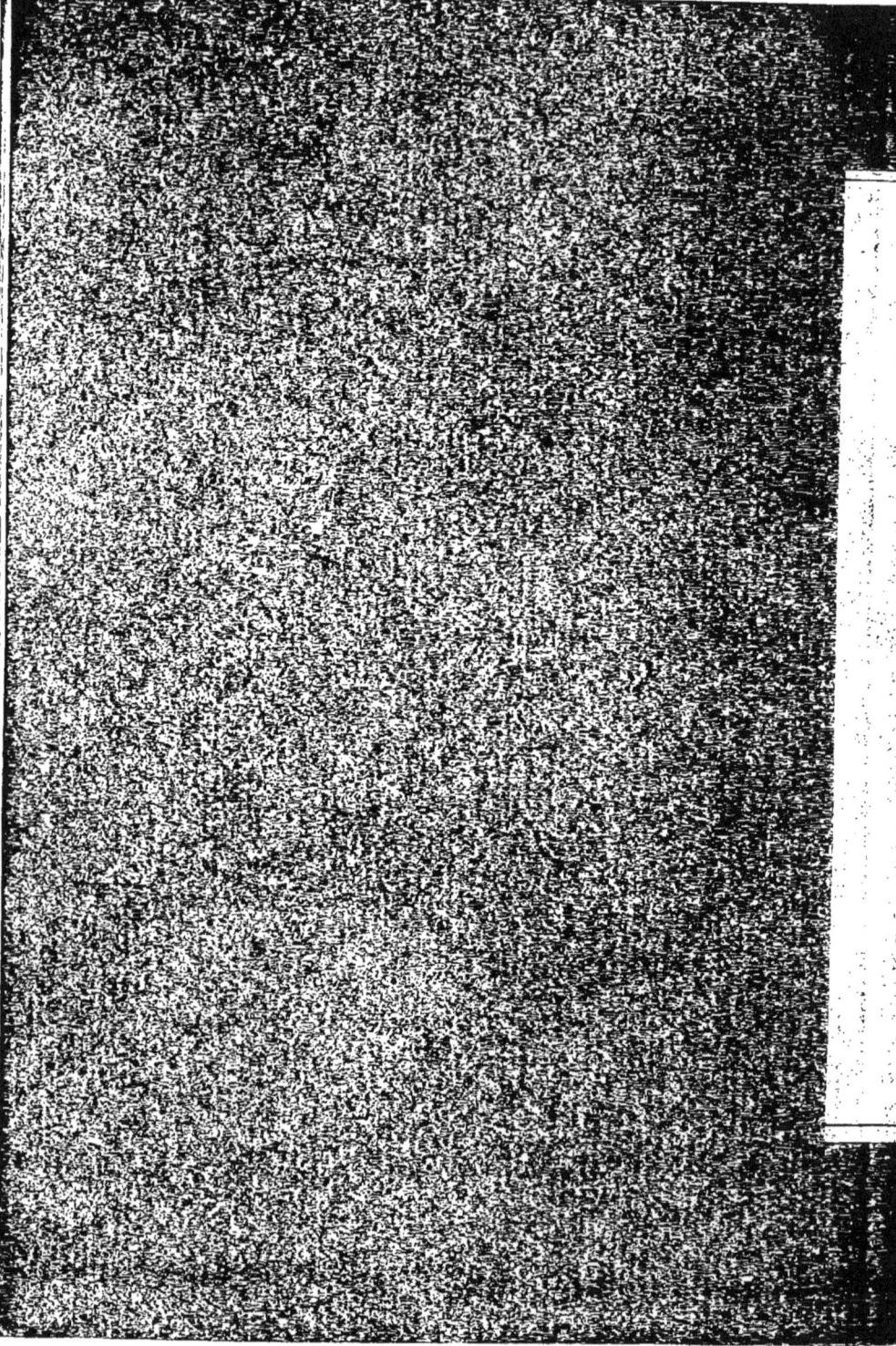

www.ingramcontent.com/pod-product-compliance
Lightning Source LLC
Chambersburg PA
CBHW060526050426
42451CB00009B/1190